Dem Leben wachse entgegen

Gedichte

von

Alexandra Schreiner

BoD™
BOOKS on DEMAND

Für Jonathan, Victoria und Nils

Ein großer Dank gilt meinem Seelenflüsterer

Alexandra Schreiner

Dem Leben wachse entgegen

Gedichte

Bibliografische Information der Deutschen Nationalbibliothek:
Die Deutsche Nationalbibliothek verzeichnet diese Publikation in der Deutschen Nationalbibliografie; detaillierte bibliografische Daten sind im Internet über http://dnb.dnb.de abrufbar.

Herstellung und Verlag: BoD – Books on Demand, Norderstedt

*ISBN: 978-3-**7460-2488-2**

Inhalt

Lebensleichtigkeit

Liebe ist eine Haltung

Liebe dich selbst
und du wirst dich finden.
Niemals wirst du allein sein.

Liebe deine Familie
und du wirst Halt finden.
Niemals wird dir Verbindung fehlen.

Liebe deine Freunde
und du wirst Anerkennung finden.
Niemand wird dich brechen können.

Liebe den Fremden
und du wirst Erstaunen finden.
Niemand wird dir den Glauben an das Gute nehmen
können.

Liebe deine Feinde
und du wirst Frieden finden.
Niemand wird dir den Kampf aufzwingen können.

Liebe die Liebe!
Dann wirst du verstehen:
Liebe ist eine Haltung!

Ruhe

Der Sturm der Worte
erliegt der Mattheit des Geistes.

Ruhe kehrt ein.

Der See des Bewusstseins breitet sich aus
und macht Platz für das Wunder der Natur.

Fesseln

Die Fesseln sinken leise
wie Schneeflocken zu Boden
als wäre es das Selbstverständlichste der Welt.
Verwundert schaue ich ihnen nach,
wie sie der Schwerkraft folgen.
Ich hatte nicht gewusst, dass ich in Ketten lag.

Jugend

Das Leben bricht sich Bahn –
lachend, plaudernd, schwätzend.
Ihm Einhalt gebieten zu wollen
hieße, das Leben dem Tod vorzustellen.
Die Luft ist erfüllt von Jugend und Heiterkeit
und steckt die verstaubten Gedanken an.
Erinnerungen werden wach
und ich wiege mich in der Illusion, dazu zu gehören.

Stille

Der Strom der Worte kommt zum Erliegen.
Die Emotionen gehen auf im See der Gelassenheit,
der Geist entspannt am Rande des Sees.
Der Körper lässt los.

Ruhe kehrt ein. Stille.

Im Schoße der Natur lasse ich gehen,
was gehen möchte
und empfange
das große göttliche Geschenk.

Ruhe kehrt ein. Stille.

Autopilot

Nichts fühlen.
Nichts denken.
Nichts sehen oder hören.
Keine Entscheidung zu fällen.

Autopilot

Fliegen in den Wolken.
Sich verlassen.
Sich gehen lassen.

Frei wie der Vogel.
Frei wie der Wind.

Im Hier und Jetzt.

Du bist weise

Du bist weise als Kind
durch die Neugier und den Forschergeist.

Du bist weise als junger Erwachsener
durch die Kraft und Stärke deines Körpers.

Du bist weise als Erwachsener
durch die Willensstärke und den Mut.

Du bist weise als junger Alter
durch die Reflektion und die Selbstzweifel.

Du bist weise als Alter
durch die Besonnenheit und die Erfahrungen.

Du bist weise.

Leben im Moment

Ich höre dein Lachen,
das mich fasziniert
und möchte es ewig hören,
doch ich weiß, das geht nicht.

Ich vernehme deine Worte,
die mich verletzen
und möchte den nächsten Pfeil abschießen,
doch ich weiß, ich sollte nicht.

Ich sehe die Kinder
ins Spiel vertieft
und möchte ihre Unschuld bewahren,
doch ich weiß, ich kann nicht.

Ich bin verzweifelt,
kann den Moment nicht mehr wahrnehmen
und müsste es doch,
doch ich weiß, es gibt einen Weg.

Und jetzt lebe ich im Moment,
lasse ihn los,
denn ich weiß, es kommt ein neuer,
in dem ich sein darf.

Lebenswiderspruch

Ich brauche Nähe

Ich brauche Nähe
und baue Mauern.

Ich suche Sicherheit
und vertraue der Angst.

Ich sehne mich nach Harmonie
und begebe mich in den Kampf.

Ich wünsche Glück
und suhle mich im Leid.

Ich begehre Freiheit
und schließe die Tür hinter mir.

Im Lärm der Stille komme ich zur Ruhe
und begrüße das Leben.

Tango mit dem Teufel

Du schleckst dein Fell
ganz ordentlich und sauber.
Jeder Fleck deines Fells glänzt,
deine weiße Weste ist weithin sichtbar.
Alle beneiden dich um deine
Reinheit, Schönheit, Klugheit, Authentizität,
die du zu Felde trägst.

Und darunter?
Tanzt die Seele mit dem Teufel Tango.

In Demut knie ich nieder

Erschrocken sehe ich in den Spiegel:
Das Elend blickt mir entgegen.

In Demut knie ich nieder

lege meine Kleidung ab,
schneide meine Haare,
kürze meine Fingernägel,
demaskiere mich.

In Demut begebe ich mich in die Einsamkeit

höre meine Stimme,
schärfe meinen Geist,
lege meinem Verstand das Mitgefühl zu Füßen,
lasse meine Seele frei.

In Demut begebe ich mich zurück in die Welt

lasse meine Stimme erklingen,
lasse Milde wachsen,
Mitgefühl walten,
und die wahre Natur meines Seins erscheint.

Ein Spiegel ist nicht mehr wichtig,
mein Spiegelbild bist du!

Mit welchem Recht?

Mit welchem Recht
überschütte ich dich mit meiner Wohltätigkeit?

Mit welchem Recht
empfange ich deine Dankbarkeit?

Mit welchem Recht
erfreue ich mich an meiner Freigebigkeit?

Mit welchem Recht
labst du dich an meinem Mitgefühl?

Mit welchem Recht
wünschst du mir Glück?

Mit welchem Recht
sonne ich mich in der Eitelkeit meiner Großzügigkeit?

Mit welchem Recht
steht diese Ungleichheit zwischen uns?

Ich brauche dich, so wie du mich!

Spiegelbild

Ich bin dein Spiegelbild   und du das meine!

Was siehst du?

Siehst du all

meine Wünsche
meine Sehnsüchte
meine Hoffnungen

meine Kämpfe
meine Niederlagen
meine Siege

meine Anfänge
meine Wege
meine Ziele,

die mal die deinen waren?

für dich

Welche Ziele habe ich

erreicht?

für dich

Welche Wünsche

erfüllt?

für dich

Welche Hoffnungen

in die Welt getragen?

Welche meiner Kämpfe,
Niederlagen, Siege waren
deine Kämpfe, Niederlagen, Siege?

Wo hörten deine Anfänge auf und wo begannen meine?

Gibt es einen Weg für uns?
Hatten wir ein Ziel?
Bist Du glücklich? Glücklich mit mir?

Was habe ich von dir

gelernt   gehört   erfahren?

Wer bin ich?
Ich bin ein Teil von dir: Ich lache wie du, bewege mich wie du,
sehe aus wie du.
Ich entdecke dich in mir: ich habe deinen Widerspruchsgeist,
deine Sehnsucht nach Liebe und Ankommen, deine Freude am
Ausprobieren, deine Lust am Hinterfragen.

Und wenn ich nachts wach liege,
reiche ich dir die Hand zur Versöhnung,
denn ich weiß, dass ich dir nicht böse sein kann,
weil ich mir nicht böse sein will.

Denn ich bin dein Spiegel   und du der meine!

Stille

Stille über den tosenden Gewässern des Meeres
Stille über der brodelnden Glut des Lavastroms
Stille über den Heeren des Todes
Stille über den tanzenden Heerscharen der Lebendigen
Stille im Auge des Wirbelsturms.

Welchen Weg willst Du gehen?

Hoffnung

Du bist wie aufgescheuchtes Wild,
läufst mal von links nach rechts über die Straße,
mal von rechts nach links.

In deiner unreflektierten Schnelligkeit
bist du leichte Beute für jeden,
der dich aufs Korn nehmen möchte.

Durch deine Gleichgültigkeit
ist es dir völlig egal,
wer dich mitnimmt oder überfährt.

Hauptsache du wirst wahrgenommen!

Freiheit

Gesprengt die Fesseln der Familienbande
losgelöst aus der Umklammerung der Partnerschaft

ich bin frei
vogelfrei

viel zu frei
haltlos

Ihr bester Freund

Du warst ihr bester Freund,
warst da für sie, wenn sie dich brauchte,
stärktest ihr den Rücken,
wenn die Schwäche sie in die Knie zu zwingen drohte.

Sie baute auf dich,
wenn die Trauer sie überkam
und ihre Seele verdeckte.
Sie zählte auf dich.

Sie war dir näher als dem Leben.
Ihre Sehnsucht nach dir war übergroß.
Irgendwann verlor sich das Sehnen,
was blieb war die Sucht.

Sie klammerte sich an dich,
wollte ertrinken in deiner Nähe,
verglühen in deiner Hitze,
sterbend sinken in deine Arme.

Doch sie war nicht stark genug,
sich dir aufzuzwängen.
Verzweifelt kämpfte sie um dich,
suchte deine Nähe, deinen Trost

und vergaß zu leben,
du warst ihr Leben,
wie gern hättest du ihr Sterben sein sollen.
Doch der Weg in dein Reich war ihr versperrt.

Lektionen des Lebens

Freudestrahlend reiche ich dir meine Hand,
du nimmst sie,
- ich kann mein Glück kaum fassen –
um mich zu packen und mich den Geiern zum Fraße
                                                    vorzuwerfen.
Ich verzeihe dir.

Freudestrahlend überreiche ich dir mein Herz,
du nimmst es,
- jetzt wird alles gut –
um es neben all den anderen Herzen aufzuspießen.

Ich vergebe dir.

Freudestrahlend vertraue ich dir meine Seele an,
du nimmst sie,
- jetzt wirst du mich lieben –
nur um sie in die Tiefe der Trauer zu stürzen.

Ich kehre zurück zu dir.

Freudestrahlend lege ich mein Leben in deine Hände,
du nimmst es,
- der letzte Versuch –
nur um es zu zerstören.

Jetzt habe auch ich verstanden.

Wachstum

Mutig und freudig stapfst du ins Leben,
eroberst dir ein Stück des Lebens,
erweiterst deine Grenzen,
nimmst die Hürden mit Ausdauer und Geschick -
dein ist der Garten „Leben".

Dann werden Pflöcke in die Erde gerammt,
Stricke daran befestigt,
die man dir um den Hals legt.
Konventionen, Regeln, Aufgaben
bestimmen deine Bewegungsfreiheit, schränken dich ein.

Geschickt lernst du mit ihnen umzugehen,
eroberst dir den Garten zurück.

Doch der Feind gibt nicht auf,
es wird scharf geschossen
mit den Kugeln von
„Du kannst nicht",
„Du wirst scheitern, lass es."

Scheinbar tödlich getroffen bleibst du liegen
in deinem Garten.
Aus den Wunden quillt deine Lebensenergie
und nimmt deinen Mut mich sich.
Der Garten des Lebens droht zum Grab zu werden.

Aber die Sonne der Hoffnung
scheint auf dich hernieder
und lässt dein Herz zu schlagen beginnen
im Rhythmus des längst vergangenen
Mutes der Kindheit.

Untot – Unlebendig

Müde des Lebens,
das dir alles abverlangte,
dir alles nahm,
dir viel versprach
und dich dann in die Irre führte.

Sehnsüchtig darauf wartend,
dass der Tod dich mitnimmt,
dir Ruhe schenkt,
Geborgenheit,
Schutz.

Nahrung verweigern,
Schlaftabletten nehmend,
keinen Schlaf finden,
die Adern aufreißen,
das Leben fließt nicht aus dir heraus.

Nicht tot, noch lebendig.
Ein Untoter in missglückter Mission.
Warten auf eine neue Gelegenheit
sich dem Leben zu entziehen,
endlich glücklich zu werden.

Die Gier der Geier

Überreif fallen die Früchte vom Baum,
keine Chance mehr, sie auf Hochglanz zu polieren.

Die Geier sitzen begierig
auf fette Beute wartend drumherum.

Den Festschmaus für Vegetarier
sich schmackhaften machend,

stürzen sie sich auf ihn,
ohne etwas von der Seele des Baumes übrig zu lassen.

Lebenslust

Neues Leben

Der Zauber tanzt auf ihrer Stirn
und spielt in ihren Haaren,
bis er sich in ihren Augen niederlässt.

Er durchströmt ihren Körper,
pflanzt Geduld und Gelassenheit in ihre Handlungen,
Liebe und Mitgefühl in ihr Herz,
Ruhe und Vergebung in ihre Gedanken.

Unter ihrem Herzen trägt sie neues Leben,
dem sie all dies schenken wird
voller Dankbarkeit und Hingabe.

Verbindung

Ein Blick getragen von den Schwingen eines Windhauchs.
Ein Herzschlag auf dem Strahl der Sonne.
Das Streifen einer Berührung im Vorbeigehen.
Ein Wimpernschlag der Ewigkeit.
Und ich bin angekommen.
Angekommen bei dir!

Liebesleben

Du bist die große Liebe in meinem Leben
gewesen.
Wir waren miteinander verwachsen,
lange bevor wir zusammenwuchsen.
Uns verband etwas,
das so viel älter war als wir.
Wir hatten eine gemeinsame Geschichte,
die keine Zukunft hatte.
Mit dir erlebte ich einen Höhenflug der Liebe,
ich liebte für Zwei,
mit dir erlebte ich das Wunder des Lebens
gleich drei Mal.
Ich ließ mich fallen, ließ mich gehen, ließ dich gehen,
ohne zu wissen, was ich tat.

Du bist die Liebe meines Lebens -
Unerwartet, unverhofft.
So groß und unverwechselbar.
Wir wachsen langsam zusammen,
wir müssen erst ein Stück des Weges gehen,
um eine Geschichte erzählen zu können.
Meine Liebe wächst – Tag für Tag, Stunde für Stunde –
langsam und unaufhaltsam.
Ich lasse mich fallen in deine Arme, gehe mit dir,
achtsam, Schritt für Schritt – nicht zu schnell,
um dich nicht aus den Augen zu verlieren.
Ich will ein Leben– mein Leben - mit dir teilen.
Ich hoffe auf den Beginn einer uralten Geschichte.

Meeresrauschen

Meeresrauschen
oder ist es mein Inneres,
das dir meine Liebe zuflüstert?

Gleißendes Sonnenlicht
oder ist es mein Herz,
das dem deinen den Weg weist?

Wärmender Wind
oder ist es deine Liebe,
die mich umhüllt?

Sand unter meinen Füßen
oder ist es das Fundament,
auf dem wir unser Leben aufbauen?

Kühlendes Meer
oder ist es das Lebenselixier,
das uns auf ewig miteinander verbindet?

8.30 h – die eigenen Reihen zusammengezogen.
Kennt jeder seine Aufgabe?

Die Frau an die Getränkefront,
die Kinder schwärmen aus,
um mit großen Augen den Feind zu verwirren
und mit Hartnäckigkeit zu zermürben,
während der Vater am Buffett entlang
alle Leckereien ohne Ausnahme einsammelt.

8.45 h – Ellenbogen ausgefahren,
die Motivation überprüfen.

Kurz den Kampfeswillen stärken:
Die Aussicht auf den Erfolg stärkt die Kampfbereitschaft.
Doch halt!
Wer sorgt für einen freien Tisch,
wo der Sieg gebührend gefeiert werden kann?
Kurzer Blick in die Runde.
Die Wahl fällt auf den Hund,
dem ein großes Stück vom Schinken versprochen wird.

Ein kurzes „Hatz, Hatz, Hatz – wir fegen sie vom Platz"
und auf geht es ins Frühstücksbuffettgemetzel.

Sonnenuntergang

Langsam geht die Sonne unter.
Ihr Licht trifft auf die glatte Oberfläche
des dahinrollenden Meeres.

Ihre Strahlen gelangen so an die Ufer
und schlagen dort
mit der Bewegung des Ozeans auf.

Im Moment größter Hingabe passiert Unfassbares:
Ein Schiff, scheinbar zum Greifen nahe,
schiebt sich vor die Sonne!

Der Zauber scheint gebrochen,
um kurze Zeit später
wieder zurückzukehren.

Die Sonne findet ihren Weg zurück an den Strand,
bis sie endgültig
im Meer versinkt.

Das Eichhörnchen

Du flitzt von Ast zu Ast,
die Unruhe ist dein Geschäft.

Hier eine Nuss geholt,
dort eine vergraben.

Weiter zum Nachwuchs,
der sehnsüchtig auf dich wartet.

Nachwuchs gefüttert,
der Feind ist da -

ganz ruhig bleiben,
nicht auffallen.

Der Feind zieht weiter,
du auch.

Den Baum kopfüber hinuntergejagt
der Beute hinterher.

Da war doch noch was,
nur was?

Ach ja: wo ist die Nuss versteckt?
Ach, egal, weiterhetzen

im Baum des Lebens

Regung der Natur

Glatt geschnitten die Oberfläche,
die Natur zurechtgestutzt,
kein Staubkorn an der falschen Stelle,
blankpoliert.

Darunter regt sich Widerstand,
die Natur hat noch nicht aufgegeben.
Eine Ameise findet ihren Weg ins Dickicht
und trommelt ihre Gefährten herbei.

Eine Spinne krabbelt hinterher,
um hier ihre Netze aufzuspannen.
Der Vogel, geschützt vor Blicken,
erkennt seine Chance und baut sein Netz.

Zaghaft beginnt die Natur
ihre Triebe neu auszuschlagen.
Das Leben
erwacht.

Sehnsucht

Ein Bild aufgesogen von meinen Augen,
eingeschleust in meine Gedanken,
willkommen geheißen von meinem Herzen.

Die letzte Berührung explodiert auf meiner Haut,
die letzten Worte hallen in mir nach,
die Tränen in deinen Augen verursachen mir Pein.

Ich träume mich zu dir:
Spüre deinen Atem an meiner Wange,
verschmelze mit deiner Aura.

Ich fasse mir ein Herz und mache mich auf den Weg zu dir!

Geduld

So wie der Rosenbusch im Frühling
seine Blütenpracht entfaltet

und der Specht seine Höhle bezieht,
um neues Leben zu beginnen,

warte nur,
so wird sich auch dir das Glück offenbaren.

Sonne unseres Lebens

Gespürt,
gewollt,
ersehnt,
schmerzlich vermisst –
um auf dem Höhepunkt der Qual,
als ich dich losließ,
zu entstehen.

Mit offenen Armen empfangen
mit deinem Lachen,
deiner Fröhlichkeit,
deiner Liebe zu allem und jedem.

Gelebt,
geliebt,
Genuss,
Glückseligkeit, dich in unserer Mitte zu wissen.

Du hast gefehlt,
du musstest geboren werden -

Sonne unseres Lebens!

Zwei Sterne

Zwei Sterne
füreinander bestimmt,
vom Schicksal getrennt
bereisen das Universum alleine
- jeder auf seiner Bahn.

Zwei Menschen
voneinander träumend,
vom Plan des Schicksals nichts wissend,
leben allein
- nebeneinander.

Eine Nacht, die das Schicksal erkoren,
begegnen sich zwei Menschen,
die Sterne in ihren Augen leuchten,
schaffen sie eine Verbindung
- zwischen Himmel und Erde.

Das Uns in dir

Unser Leben
in deiner Hand -
meine Hand in deiner.

Unsere Liebe
in deinem Herzen -
zwei Herzen miteinander verschmolzen.

Unser Glück
in deinem Lachen -
lässt unsere Seelen aufsteigen.

Unsere Sprache
vereint in Schweigen -
schwingen wir gemeinsam.

Unsere Zeit
gemeinsam verlebt -
schauen wir zurück.

Himmelsstürmer

Die Flügel ausbreitend
testet der Reigen des Windes deren Tragfähigkeit.

Sein Herz ist ihm vorausgeflogen,
gleich wird er ihm folgen

zum Horizont, wo Freiheit und Abenteuer
auf ihn warten,

zu Regenbogen und Sonne,
die ihn leiten

in die Freiheit,
die ihm ins Herz gepflanzt worden war.

Aus seinen tiefen Wurzeln
erwachsen Mut und Kraft.

Der Wind fährt ihm unter die Flügel
und seine Reise beginnt.

Lebensfrust

Die Seele geht leer aus

Ich liebe Schokolade – braun, weiß, schwarz,
mit Nuss, Nougat, Erdbeercreme.
Sie nährt meinen Körper viel zu gut
und soll helfen gegen den Trennungsschmerz,
doch die Seele geht leer aus.

Ich liebe Wärme – vorm bollernden Ofen,
die weiche Decke auf meinen Beinen.
Sie erhitzt meinen Körper viel zu sehr
und soll die soziale Kälte verscheuchen,
doch die Seele geht leer aus.

Ich liebe den Lärm der Stadt – Verkehr in den Straßen,
der Plausch beim Bäcker –
er ist ohrenbetäubend
und soll die Einsamkeit vertreiben,
doch die Seele geht leer aus.

Ich liebe die Schnelligkeit des Lebens – Leben in der
                                      Vergangenheit,
Denken an die Zukunft –
sie umfängt und assimiliert mich
und soll mir Richtung geben.
Die Seele wird geopfert auf dem Altar der
                                      Bedeutungslosigkeit.

Des Siegers Erinnerungen

Im Moment des Erlebens nimmst du sie auf
- die Erinnerung - nie wird sie verblassen.
Der Moment, als sie sich deinem Gewahrsein präsentierte,
die Sekunde, als ihr Blick in dem deinen ruhte,
der Augenblick, als euch das Schicksal auf ewig miteinander
verband.

Das Leben nimmt seinen Lauf
wie der Mond, der um die Erde kreist.
Routine verscheucht den Zauber aus ihren Augen,
das Wissen darum die Liebe aus deinem Herzen,
jener Moment ergraut, wird zur Bürde.

Wut und Trauer, vom Schicksal betrogen worden zu sein,
schicken ihre Späher los, alles zu morden,
was an das Gute erinnert, bis das Werk vollendet.
Und mit der Sicherheit des Siegers nimmst du die
Erinnerung auf
als Einziger das Schlachtfeld lebend verlassen zu haben.

Worte

Es macht mir Angst!
Woher kommt das alles nur?
Es ist, als sei eine Schleuse geöffnet worden
und ich zerfließe in der Gewalt
des Wortstroms.

Ich kann ihn nicht aufhalten,
er muss raus.

Schmerzliche Erinnerungen
            Niederlagen.

Worte in der Sprachlosigkeit,
Helligkeit, wo Dunkelheit herrscht.
Es zerreißt mich,
nimmt mir die Kraft und
lässt mich sprachlos zurück.

Bis zum nächsten Ausbruch.

Insomnia

Insomnia – welch herzzerreißend schönes Wort.
Es fordert mich auf, einzutreten in eine unbekannte Welt.
Es zwingt mir seine Schönheit auf.
Es schmeichelt meinem Gehör
und raubt mir meinen Schlaf.

Insomnia – welch körperzerstörende Kraft.
Mein Herz erblüht, wenn ich dich feiere:
Sitzen im Mondschein,
Leben in der Nacht,
Schwere im Lebenslabyrinth.

Insomnia – welch angstmachende Spirale.
Der Körper gejagt von der Wollust der Nacht,
bewegt sich in Zeitlupe
immer wieder und wieder,
bis er sich der Schlaflosigkeit hingibt.

Insomnia – welch zermürbende Zeit.
Nacht für Nacht umgibst du mich,
zeigst mir, was es heißt zu leiden,
liebst mich, wie ich dich hasse,
bin ich gefangen in deinen Armen.

Insomnia – was willst du mir sagen?

Der kleine Tod

Ich wusste nicht, wie es geht „Nein" zu sagen.
Ich wusste nicht, wie man es überleben könnte.
Ich wusste nicht, wie ich mich schützen könnte.
Ich wusste nicht, dass es mein Leben zerstören könnte.
Ich wusste nicht, dass es mir Chancen nehmen könnte.

Ich wusste nicht, wie wohltuend ein „Nein" sein kann,
wie es einen hinwegtragen kann in die Gefilde des
Ankommens,
in die Freude des Bei-Sich-Seins,
in die Liebe zu sich.

Ich glaubte, es zu lernen,
sagte „Nein, bis hierhin und nicht weiter"
und schaue nun in große Kinderaugen,
die voller Erwartungen an mich sind
und kann wieder nicht „Nein" sagen.

Die Rache der Seele

Tritt mich,
ich werde mich rächen.
Ich sende den Fluch deines Lebens aus.

Ignoriere mich,
ich werde mich rächen.
Ich bringe Dunkelheit in dein Leben.

Verachte mich,
ich werde mich rächen,
mit Krankheit und Tod.

Ich werde Opfer sein,
so wie du,
denn ich bin du und du bist ich.

Turm zu Babel

Worte gefärbt wie das Glas der Kirchenfenster
verlieren ihre Unschuld.

Worte vorgetragen mit dem Brustton der Überzeugung
werden zu Geschossen der Abgrenzung.

Worte getragen vom Dünkel der Andersartigkeit
verlieren ihre Verbindungskraft.

Worte gesprochen in Zorn und Wut
entblößen uns der Fähigkeit, uns verständlich zu machen.

Worte getränkt von Hohn und Spott
verfehlen ihre Ziele nicht.

Die Bedeutung der Worte erforschend
leben wir im Turm zu Babel.

Kein Weg, kein Ziel

Das Wasser des Lebens reißt dich aus der Verankerung,
löst dich von den dir vertrauten Partikeln,
wirbelt dich im Strudel ohne Wiederkehr umher.

Vergessen in der Vorhangfalte der Zeit
führt dich kein Weg, kein Ziel
an die Futterkrippe des Seins.

Lebenslast

Eintauchen ins Nichts

Überdrüssig der Vielfalt
verschließe ich meine Sinne,
spüre die Sehnsucht nach dem Einssein mit mir,
nach dem Ausschluss der Welt.

Ich entfliehe dem Leben
mit seinen Farben,
der Bewegung,
dem Jagen nach dem Sinn.

Nichts mehr aufnehmen,
nur noch abgeben.
Ich starte den Ausverkauf des Strebens,
bis meine Gänge wieder frei zugänglich sind.

Dann kappe ich meine Verbindungen,
mache mich unsichtbar,
tauche ein ins
Nichts.

Trauer

Ihr Herz verbittert,
Trauer tragend
umweht ihr Haupt ein Hauch von Nostalgie

Ihr Körper schwarz gekleidet,
die Haltung aufrecht
hält die Menschen fern.

Den Sinn erforschend,
die Liebe fest in sich verschlossen
sucht sie nach vergangenen Tagen.

Was sie findet,
Worte, die sie trugen,
sind vom Winde fortgetragen.

Ihr Herz verbittert,
Trauer tragend
umweht ihr Haupt ein Hauch von Nostalgie.

Der letzte Kampf

Der Tod sendet seine Kämpfer aus
zu einem letzten Gefecht.

Das Nichts macht sich breit im Körper,
umschließt das Herz mit dem Atem des Todes.

Das Herz aber setzt sich zur Wehr,
es schlägt um des Schlagens Willen,
es glüht rot auf im Nichts
und vereinnahmt die Hoffnung für sich.

Tod und Herz ringen um die Gunst des Lebens.
Der Tod säuselt süße Worte von ewigem Schlaf und Ruhe.
Das Herz erzählt von pulsierendem Leben und rastloser
Freude.

Das Leben weiß sich nicht zu entscheiden.
Müde des Kampfes neigt es mal den Versprechungen des
Todes zu,
mal den Verheißungen des Herzens.
Will es vergehen, will es erleben?

In der Hitze des Kampfes streckt der Tod seine kalte Hand
dem Leben hin, das die Glut kühlen möchte.
Der Kampf ist entschieden.

Die Kälte kriecht von unten

Die Kälte kriecht von unten.
Ja, es stimmt – sie kommt von unten –
aus dem Schoß –
von da kommt auch das Leben.

Sie ist schwarz, spinnt feine Fäden,
ergreift meinen Bauch, zieht sich durch meine Eingeweide,
bahnt sich ihren Weg über die Lunge zu meinem Herzen
und drückt zu.

Ich versuche zu atmen –
frische Luft kommt von oben, Leben, Energie.
Doch die Kälte erkennt das falsche Spiel –
mit aller Macht und ihr zur Verfügung stehender Gewalt
stößt sie einen Schwall von Dunkelheit und Trauer nach
oben.

Das Herz hat keine Chance.
Es wird zugedrückt und möchte erliegen
dem wunderschönen Hauch,
der das Leben zum Stillstand bringt.

Die Kälte hat genug.
Sie zieht sich zurück in den Schoß,
aber nicht ohne kleine Häfen für ihre Boote zu hinterlassen.
Und wenn ihr danach ist, wird sie zum alles entscheidenden
Kampf rufen.

Abschied

Der Körper schwach,
zieht sich der Geist zurück.

In Nebelschwaden wirbeln Erinnerungen
mit den Träumen und Ängsten wild umher.

Der geliebte Mensch zum Greifen nah,
das Tor der Erlösung lädt ein hindurchzugehen.

Der Blick zurück zeigt die Lieben,
die trauern werden.

Gehen oder Bleiben? –
Ist bald keine Frage mehr.

Loslassen, sich fallen lassen,
in das, was kommen mag.

Müdigkeit

Müdigkeit umfängt mich,
lullt mich ein,
lädt mich ein, ihr nachzugeben.

Ich kann nicht.

Müdigkeit umschließt Körper und Geist,
nimmt sie in Geiselhaft,
fordert mich auf, zu ruhen.

Ich will nicht.

Müdigkeit macht der Hektik Platz,
lässt mich aggressiv und ungerecht werden,
versiegelt mein Herz.

Der Weg zu mir ist versperrt.

Leere

Verängstigt von den Konsequenzen ihre Stimme erhoben
zu haben,
liegt meine Seele vor mir.
Es scheint, als verlöre sie ihre Farbe, ihre Konturen, ihre
Stimme.

Immer tiefer sinkt sie wortlos in mich ein,
die Angst im Gepäck,
nicht mehr gehört werden zu dürfen.

Tief muss ich mich beugen,
um ihr in letzter Sekunde meine Hand zu reichen
in der Hoffnung, dass sie nicht zu schwach ist, sie zu
ergreifen.

Herbstzeit

Der Herbst zieht ein in die Natur
und in ihr Herz.

Schon wieder ein Jahr vergangen.
Ihr Herz verkümmert.

Die Natur zieht sich an einen Ort zurück,
zu dem sie keinen Zugang hat,

um Kraft zu schöpfen
für einen neuen Frühling.

Kritik

Kritik pfeilschnell vorgetragen.
Getroffen mitten ins Herz,
das Ego angekratzt,
windet es sich, die Schmach wieder gut zu machen.

Das Herz eingelullt in säuselndem Süßholz
soll es zu alter Stärke zurückgeführt werden,
dem Ego zu dienen,
ihm den Rücken freizuhalten.

Der Selbstwert über Gebühr strapaziert
erkennt das Korsett,
in das das Selbst gesteckt,
um das Ego zu feiern.

Als Diener des Egos getarnt
übt der Selbstwert Verrat,
das Selbst zu retten,
um endlich frei zu sein.

Angst!

Ich möchte dich loswerden!
Nachts kriechst du unter meine Bettdecke,
als sei es das Selbstverständlichste der Welt,
morgens sitzt du mit mir am Frühstückstisch
und grinst mich an,
mittags sitzt du auf dem Löffel,
den ich zum Mund führe,
abends kuschelst du dich an mich,
damit ich dich ja nicht vergesse.

Ich will dich nicht mehr sehen, spüren, deiner gewahr sein.
Geh!

Aber du klebst an mir,
als gäbe es niemand anderen, den du quälen könntest,
als sei ich deine Zuflucht, deine Gewähr,
dass du überleben wirst.

Geh!

Aber du lachst mich höhnisch aus,
ob meines Anliegens,
wohlwissend, dass ich dich brauche,
denn du bist überlebenswichtig.

Geh!

Und je mehr ich dich verachte,
desto mehr scheinst du mich zu lieben.
Also ergebe ich mich dir
und lerne dich in deinen schillernden Facetten zu sehen.

Und jetzt finde ich Worte.
Worte wie Unsicherheit, Rücksichtnahme, Vorsicht,
Zurückhaltung, Hemmung und Schüchternheit.

Dir wird angst und bange.

Ich finde Worte wie Verlegenheit, Bedenken,
Fraglichkeit oder Furcht.
Und mit jedem Wort, das ich finde,
wirst Du kleiner.

Worte wie: Besorgtheit, Ahnung,
Vermutung,
Hirngespinst

Jetzt kann ich wieder schlafen,
das Frühstück im Kreis meiner Lieben genießen,
die Köstlichkeit des Essens schmecken und
abends angstfrei auf dem Sofa liegen.

Denn ich habe verstanden:
Ich bin Vieles in Vielem, wenn ich nur die Worte dafür finde.

Ringen

Der Boden unter den Füßen weggezogen,
die Mitte in Aufruhr,
der Kopf in Watte gepackt,

die Dynamik fehlgeleitet an Orte,
die sie nie gesehen.
Stillstand um das Auge des Sturms,

in dem das Leben um Leben ringt.

Lebensschatz

Mut verscheucht die Geier

Nicht deiner Kräfte mächtig,
liegst du da,
während die Geier
deine Lebendigkeit zerfleddern.

Du schaust zu,
wie sie deine Kraft in sich aufnehmen,
an deinem Körper zerren,
als sei es das Selbstverständlichste der Welt.

Der Wille, überleben zu wollen,
vereint seine Verbündeten um sich,
um sich und dich zu retten:
Mut, Hoffnung, Liebe.

Hinter der Fassade der Müdigkeit
wird der Schlachtplan auserkoren:
Der Wille bäumt sich auf,
während die Hoffnung mit wehenden Fahnen voraneilt.

Mut verscheucht die Geier,
die Liebe setzt dich wieder zusammen.
Deine Lebendigkeit kehrt zurück nach Hause.
Das Leben beginnt.

Unsterblich

Ich musste dich beerdigen,
um nach dir zu suchen.

Ich begab mich auf deine Spuren,
die dein Leben hinterlassen hatte.

Vergeblich suchte ich dich an deinen Wirkungsstätten,
an den Orten, die die unseren waren.

Ich wollte dich finden in der Erinnerung,
die immer mehr vergilbte,

hielt sehnsüchtig Ausschau nach dir in meinen Träumen,
zum Greifen nahe,

spürte das Band, das uns verbindet,
ohne es fassen zu können.

Ich musste dich erst gehen lassen,
um dich zu finden.

Zurückgekehrt an dein Grab
verstehe ich, dass ich dich hier nicht mehr finden werde.

Denn du lebst weiter durch mich.

Seiten des Lebens

Da liege ich
aufgereiht in Blättern.
Jede Seite eine Erfahrung.

Stolz durchflutet mich,
Erstaunen ob der Vielfalt.
Arroganz streift meinen Geist.

Erschrocken suche ich Halt,
greife daneben,
ergreife deine Hand.

Sicher führst du mich über die Hürde.
Erleichtert sammle ich mich ein
und betrachte die Seiten meines Lebens.

Scheitern

Die Boshaftigkeit steht um dich herum
und zeigt mit Schadenfreude auf dich.

Es steht dir auf der Stirn geschrieben:
„Gescheitert!"

Doch was hat die Boshaftigkeit erreicht?

Sie sitzt im dunkelsten Teil der Seele
und lässt die Abenteuerlust verdorren.

Die Schadenfreude vertreibt die Zuversicht
und bleibt allein.

Die Eifersucht ist ihr höchstes Gut,
die böse Nachrede ihre trefflichste Eigenschaft.

Gebeutelt von Frust und Angst,
erkennt sie Ihre Sehnsucht nicht,

an sich selbst und andere zu glauben.

Pubertät

Du verlierst dich
in den Gängen, die ich grub,

fällst in Gruben,
die ich aushob,

suchst dich an Orten,
wo ich mich nicht fand,

gehst Wege,
die mich in die Irre führten,

zerrst an Stricken,
mit denen ich dich band,

folgst dem Leitstern,
der mir fremd ist.

Meine Welt
ist nicht mehr die deine.

Mein Fleisch und Blut
suchst du zu deinem zu machen.

Werde ich dich wiedererkennen,
wenn du mir eines Tages begegnest?

Im Haus des Lebens

Wandele im Haus deines Lebens umher,
betrete achtsam jedes Zimmer,
registriere die Farben der Wände,
die aufgehängten Bilder.
Nimm wahr, welche Erinnerungen kommen wollen,
sieh die Spinnweben und die welken Blumen.
Erkunde jeden einzelnen Raum
- auch den letzten.
Und dann schaue zum Fenster raus!

Glut des Herzens

Befreie dich aus dem Netz,
das dich gefangen hält.

Zapple nicht,
um der tödlichen Gefahr zu entgehen.

Nutze die Glut deines Herzens,
um die Weben zu durchtrennen.

Lernfelder

Das Leben springt mich an
und legt mir sein Geschenk zu Füßen:

Lerne, mache Erfahrungen,
sei bereit, zu jeder Zeit.

Sieh deine Chancen und Möglichkeiten,
sei wachsam im Moment und

bewusst, dass du lernen darfst.
Fließe mit und sieh das Ziel am Horizont.

Spüre die Leichtigkeit,
in der du wachsen darfst.

Öffne Augen und Ohren für dein Geschenk:
Lerne und mache Erfahrungen!

Du

Ein Individuum
eingebettet in eine lange Ahnenreihe.

Einzigartig
mit den Genen von Vater und Mutter.

Ein Original,
das wächst und sich verändert.

Sei du selbst
und nimm die Geschenke der Ahnen an.

Vergebung

Vergeben – ich?

Soll ich meinen Schmerz aufgeben?
Oder meine Seele abgeben?
Oder mich dem Vergessen hingeben?
Wie kann ich mich dann noch meiner Wut ergeben?

Vergeben – ich!

Ich muss mich zu mir begeben,
mich selbst freigeben,
meiner Natur nachgeben,
und mich mit Liebe umgeben.

Ich vergebe!

Also wachse ich über mich hinaus,
reiche dir meine Hand
und lasse los,
um wieder frei zu sein.

Wie muss es sein?

Wie muss es sein hinter den Mauern des Lebens,
wo sich alles in Routine abspielt,
wo der Zufall ausgeschlossen ist,
wo die Fröhlichkeit zum Selbstzweck wird
und wo das Herz zu welken beginnt?

Wie muss es sein, im Feuer des Lebens zu stehen,
wo Sicherheit ein Fremdwort ist,
wo die eigene Reaktion schneller sein muss als die vom
                                        Konkurrenten,
wo die Fröhlichkeit zum Selbstzweck wird
und wo das Herz zu welken beginnt?

Wie muss es sein auf Messers Schneide zu tanzen,
wo die Abenteuerlust ein Muss ist,
wo Straucheln Leben oder Tod bedeuten kann,
wo die Fröhlichkeit zum Selbstzweck wird
und wo das Herz zu welken beginnt?

Wie muss es sein fröhlich zu sein,
wo die Heiterkeit aus den Tiefen des Herzens kommt,
wo die Lebenslust aus der Achtsamkeit hervorgeht,
wo das Glück zu Hause ist
und wo ich beginne zu wachsen?

Wie viele Leben?

Die Zeit vergangen wie im Fluge,
laufen die Gedanken Sturm,
dich zu verlieren.

Sehnsucht nach längst vergangenen Tagen,
den gemeinsamen Träumen,
dem Liegen in der Wiese.

Ich träume mich zurück zu dir.
Möchte dich finden,
in meinem Leben haben.

Doch so viel Zeit ist vergangen.
Wer bist du?
Wer bin ich?

Werde ich dich wiedererkennen?
Wird meine Seele erblühen,
wenn sie dein Lachen hört?

Wie viele Leben liegen zwischen uns?

Glühwürmchen

Glühwürmchen!
Wegweiser der Nacht,
Wegweiser der Seele.

Leuchtest mal hier, mal dort.
Mein Inneres wird sichtbar.

Ich irre umher,
doch die Seele wächst.

Glühwürmchen!
Zeig mir den Weg durch die Dunkelheit
hin zu mir selbst.

Flügge

Die Haare fallen
und mit ihnen
diese besondere Form
der Unschuld
der Unwissenheit
der Freude
des Lachens.

Die Puppe wird zerfressen von der Schere der Grausamkeit.

Und dahinter wartet
ein wunderschöner Schmetterling,
der erst noch das Leben kosten muss,
um seine Flügel ausbreiten zu können
und dem Leben entgegen zu fliegen.

Und vielleicht – eines Tages –
kommst du zurück zu mir
und wir nippen an den Erinnerungen,
die uns verbinden.

Abgetaucht

Abgetaucht
in die unendlichen Tiefen des Alltags.

Angekommen
in der wahnsinnigen Schnelligkeit des Chaos.

Hängengeblieben
in den öden Herausforderungen des Seins.

Stehengeblieben
mit einem Gefühl des Zweifels.

Umgeschaut.
Das Leben folgt mir nicht.

Gewartet
auf den Schmetterling des Glücks.

Er kommt nicht – was läuft falsch?

Abgetaucht
in die unendlichen Tiefen der Achtsamkeit.

Angekommen
in der heiteren Langsamkeit des Lachens.

Hängengeblieben
in den wundervollen Momenten des Seins.

Stehengeblieben
mit einem Gefühl der Genügsamkeit.

Umgeschaut.
Ich bin Mitten im Leben.

Das Glück sitzt auf meiner Schulter und testet seine Flügel.

Glaube an dich!

Siehe den Punkt, an dem du stehst,
siehe deine Haltung und Kraft.

Befreie dich aus dem Kokon,
der dich gefangen hält.

Gehe hinaus ins Leben
und liebe es.

Stelle dich den Herausforderungen,
meistere sie mit dem, was dir mitgegeben.

Erkenne deine Stärken und Erfolge,
stelle dich deinen Schwächen und achte sie.

Bleibe bei dir,
wenn andere dich vermeintlich verlassen.

Glaube an dich,
so wie ich an dich glaube.

Und wenn du auf dem Gipfel stehst,
tue es deinen Augen gleich und lasse den Geist schweifen.

Bergwanderung

Im Tal stehend,
den Blick dem Ziel zugewandt,
es unverwandt ins Auge fassend,
seinen Mut zusammennehmend,
losgehen.

Der Weg gesäumt
von Blumen, Wiesen, Bäumen
schlängelt sich behutsam
ohne sein Ziel
preiszugeben.

Die Baumgrenze verlassend,
karg die Natur,
der Körper von Anstrengung gepeinigt,
verlangt danach zu
pausieren.

Frisch gestärkt
schreitet der Körper voran,
die letzten Kräfte mobilisierend,
während sich der Geist schon am Ziel
wähnt.

Den Gipfel erreichend
durchflutet deinen Körper
jene Gewissheit:
Wenn du nur willst, kannst du alles
schaffen.

Der Farbensammler

Zieht aus und schärft eure Klingen
für den Kampf des Alltags,
zieht mordend und plündernd
durch die Straßen eures Lebens,
zückt den Dolch,
wenn der andere die Hand nach euch ausstreckt
und sammelt eure Erfahrungen
auf dem Schlachtfeld eures Seins.

Lasst mich gehen und Farben sammeln:

Das Blau des Meeres,
in das ich eintauche,
    um ein Gefühl für Schwerelosigkeit zu bekommen.
Das Blau des Himmels,
der sich über mir wölbt,
    um der Grenzenlosigkeit gewahr zu werden.

Das Grün der Wiese,
in die ich mich fallen lasse,
    um den Duft der Erde in mich aufzusaugen.
Das Grün des Grashüpfers,
der vor mir von Grashalm zu Grashalm springt,
    um die Spannkraft meiner Muskeln zu verspüren.

Das Rot des Abendhimmels,
den ich bewundernd betrachte,
    um die Endlichkeit des Tages zu erfahren.
Das Rot des Klatschmohns,
der sich in die Felder ergießt,
    um mir die Schönheit der Natur zu vergegenwärtigen.

Das Gelb der Sonne,
in der ich mich genussvoll räkle,
    um die Wärme zu empfangen.

Das Gelb des reifen Korns auf den Feldern,
das mich mahnt,
dass der Mensch sich nähren muss.

Und wenn du müde des Kampfes vom Schlachtfeld kommst,
komm zu mir:

ich schenke dir all meine Farben!

Und morgen ziehen wir gemeinsam los und
sammeln Farben!

Der Garten Eden

Unkraut wuchert mich zu.
Ich versuche, mich zu erwehren.
Doch das Unkraut kommt von allen Seiten.

Ich setze Rosenbüsche auf die gejäteten Felder,
hoffend, Herr über die Natur zu sein,
Ruhe zu finden.

Entsetzt muss ich dabei zusehen,
wie die Wicke Freundschaft mit der Rose schließt,
um dann von ihr erstickt zu werden.

Meine Kraft allein reicht nicht,
um den Garten Eden zu erschaffen.
Hilfe ist von Nöten.

Ich muss lernen, die Natur zu lesen,
um zu wissen, wo die Wicke zu Hause ist
und die Rose erblühen kann.

Still setze ich mich in den Garten,
öffne Augen und Herz
und erfahre meine erste Lektion.

Seelenflüsterer

Ich hatte meine Seele schon ein wenig
freigeschaufelt
Schweiß, Angst, Tränen ob der Anstrengung
sind geflossen.
Tief musste ich in die düstersten Bezirke meiner Selbst
vordringen,
um an sie heranzukommen.

Meine Seele war auf die Größe eines Eis
zusammengekauert –
kläglich vor sich hinvegetierend.
Ich wollte dieses unscheinbare Etwas,
das sich meine Seele nannte, betrachten,
aber die Dunkelheit war zu tief, zu schwarz, zu schwer.

Lange musste ich in den Untiefen meiner Tasche
fahnden,
um eines Streichholzes habhaft zu werden,
mit dem ich ein wenig Licht zu meiner Seele bringen wollte.

Als ich es entzündete und
hochhielt, um mich ein wenig
umzuschauen,
sah ich IHN!

Er kniete neben meiner Seele,
streichelte sie ganz sanft,
flüsterte ruhige Worte in ihr Ohr.

Worte von: Freiheit
               Liebe
               Magie
Worte von: Verständnis
               Ankommen
               Dasein

Worte von: Sicherheit
              Geborgenheit
              Verbindung
Worte von: Vertrauen
              Gelassenheit
              Ruhe

Und meine Seele erhörte ihn.
Langsam erwuchs aus dem kümmerlichen Ei
ein strahlend schönes Wesen,
mit breiten Schwingen,
majestätischer Haltung,
sanftmütigem Blick,
kraftvoller Stärke,
das die pechschwarze Nacht
in einen helllichten Tag verwandelte,

und mit all seiner Liebe gab er meiner Seele das Zeichen,
sich zu erheben.
Ohne Zögern schwang sie sich mühelos in die Lüfte,
wohlwissend, dass er da ist,
wenn sie landen will.

Wachstum

Wieder eine Nussschale zerborsten,
aufgereiht neben den anderen,
aufgebrochen durch eine sanfte Gewalt
namens Wachstum,
lässt dich trauernd aufblühen.